書名：司馬頭陀地鉗
系列：心一堂術數古籍珍本叢刊　堪輿類
作者：【唐】司馬頭陀
主編、責任編輯：陳劍聰
心一堂術數古籍珍本叢刊編校小組：陳劍聰　素聞　梁松盛　鄒偉才　虛白盧主
出版：心一堂有限公司
通訊地址：香港九龍旺角彌敦道六一〇號荷李活商業中心十八樓〇五一〇六室
深港讀者服務中心：中國深圳市羅湖區立新路六號羅湖商業大廈負一層〇〇八室
電話號碼：(852)67150840
網址：publish.sunyata.cc
電郵：sunyatabook@gmail.com
網店：http://book.sunyata.cc
淘寶店地址：https://shop210782774.taobao.com
微店地址：https://weidian.com/s/1212826297
臉書：https://www.facebook.com/sunyatabook
讀者論壇：http://bbs.sunyata.cc/
版次：二零一四年四月初版
平裝
港幣　二百七十元正
定價：人民幣　二百七十元正
新台幣　九百八十元正
國際書號：ISBN 978-988-8266-63-0

香港發行：香港聯合書刊物流有限公司
地址：香港新界大埔汀麗路36號中華商務印刷大廈3樓
電話號碼：(852)2150-2100
傳真號碼：(852)2407-3062
電郵：info@suplogistics.com.hk
台灣發行：秀威資訊科技股份有限公司
地址：台灣台北市內湖區瑞光路七十六巷六十五號一樓
電話號碼：+886-2-2796-3638
傳真號碼：+886-2-2796-1377
網絡書店：www.bodbooks.com.tw
台灣國家書店讀者服務中心：
地址：台灣台北市中山區松江路二〇九號一樓
電話號碼：+886-2-2518-0207
傳真號碼：+886-2-2518-0778
網絡書店：http://www.govbooks.com.tw
中國大陸發行　零售：深圳心一堂文化傳播有限公司
深圳地址：深圳市羅湖區立新路六號羅湖商業大廈負一層〇〇八室
電話號碼：(86)0755-82224934

心一堂微店二維碼

心一堂淘寶店二維碼

心一堂術數古籍　珍本叢刊　總序
整理

術數定義

術數，大概可謂以「推算（推演）、預測人（個人、群體、國家等）、事、物、自然現象、時間、空間方位等規律及氣數，並或通過種種『方術』，從而達致趨吉避凶或某種特定目的」之知識體系和方法。

術數類別

我國術數的內容類別，歷代不盡相同，例如《漢書・藝文志》中載，漢代術數有六類：天文、曆譜、五行、蓍龜、雜占、形法。至清代《四庫全書》，術數類則有：數學、占候、相宅相墓、占卜、命書、相書、陰陽五行、雜技術等，其他如《後漢書・方術部》、《藝文類聚・方術部》、《太平御覽・方術部》等，對於術數的分類，皆有差異。古代多把天文、曆譜、及部份數學均歸入術數類，而民間流行亦視傳統醫學作為術數的一環；此外，有些術數與宗教中的方術亦往往難以分開。現代學界則常將各種術數歸納為五大類別：命、卜、相、醫、山，通稱「五術」。

本叢刊在《四庫全書》的分類基礎上，將術數分為九大類別：占筮、星命、相術、堪輿、選擇、三式、讖諱、理數（陰陽五行）、雜術（其他）。而未收天文、曆譜、算術、宗教方術、醫學。

術數思想與發展——從術到學，乃至合道

我國術數是由上古的占星、卜筮、形法等術發展下來的。其中卜筮之術，是歷經夏商周三代而通過

「龜卜、著筮」得出卜（筮）辭的一種預測（吉凶成敗）術，之後歸納並結集成書，此即現傳之《易經》。經過春秋戰國至秦漢之際，受到當時諸子百家的影響、儒家的推崇，遂有《易傳》等的出現，原本是卜筮術書的《易經》，被提升及解讀成有包涵「天地之道（理）」之學。因此，《易·繫辭傳》曰：「易與天地準，故能彌綸天地之道。」

漢代以後，易學中的陰陽學說，與五行、九宮、干支、氣運、災變、律曆、卦氣、讖緯、天人感應說等相結合，形成易學中象數系統。而其他原與《易經》本來沒有關係的術數，如占星、形法、選擇，亦漸漸以易理（象數學說）為依歸。《四庫全書·易類小序》云：「術數之興，多在秦漢以後。要其旨，不出乎陰陽五行，生尅制化。實皆《易》之支派，傳以雜說耳。」至此，術數可謂已由「術」發展成「學」。

及至宋代，術數理論與理學中的河圖洛書、太極圖、邵雍先天之學及皇極經世等學說給合，通過術數以演繹理學中「天地中有一太極，萬物中各有一太極」（《朱子語類》）的思想。術數理論不單已發展至十分成熟，而且也從其學理中衍生一些新的方法或理論，如《梅花易數》、《河洛理數》等。

在傳統上，術數功能往往不止於僅僅作為趨吉避凶的方術，及「能彌綸天地之道」的學問，亦有其「修心養性」的功能，「與道合一」（修道）的內涵。《素問·上古天真論》：「上古之人，其知道者，法於陰陽，和於術數。」數之意義，不單是外在的算數、歷數、氣數，而是與理學中同等的「道」、「理」--心性的功能，北宋理氣家邵雍對此多有發揮：「聖人之心，是亦數也」、「萬化萬事生乎心」、「心為太極」。《觀物外篇》：「先天之學，心法也。……蓋天地萬物之理，盡在其中矣，心一而不分，則能應萬物。」反過來說，宋代的術數理論，受到當時理學、佛道及宋易影響，認為心性本質上是等同天地之太極。天地萬物氣數規律，能通過內觀自心而有所感知，即是內心也已具備有術數的推演及預測、感知能力；相傳是邵雍所創之《梅花易數》，便是在這樣的背景下誕生。

《易・文言傳》已有「積善之家，必有餘慶；積不善之家，必有餘殃」之說，至漢代流行的災變說及讖緯說，我國數千年來都認為天災，異常天象（自然現象），皆與一國或一地的施政者失德有關；下至家族、個人之盛衰，也都與一族一人之德行修養有關。因此，我國術數中除了吉凶盛衰理數之外，人心的德行修養，也是趨吉避凶的一個關鍵因素。

術數與宗教、修道

在這種思想之下，我國術數不單只是附屬於巫術或宗教行為的方術，又往往是一種宗教的修煉手段——通過術數，以知陰陽，乃至合陰陽（道）。「其知道者，法於陰陽，和於術數。」例如，「奇門遁甲」術中，即分為「術奇門」與「法奇門」兩大類。「法奇門」中有大量道教中符籙、手印、存想、內煉的內容，是道教內丹外法的一種重要外法修煉體系。甚至在雷法一系的修煉上，亦大量應用了術數內容。此外，相術、堪輿術中也有修煉望氣（氣的形狀、顏色）的方法；堪輿家除了選擇陰陽宅之吉凶外，也有道教中選擇適合修道環境（法、財、侶、地中的地）的方法，以至通過堪輿術觀察天地山川陰陽之氣，亦成為領悟陰陽金丹大道的一途。

易學體系以外的術數與的少數民族的術數

我國術數中，也有不用或不全用易理作為其理論依據的，如揚雄的《太玄》、司馬光的《潛虛》。也有一些占卜法、雜術不屬於《易經》系統，不過對後世影響較少而已。

外來宗教及少數民族中也有不少雖受漢文化影響（如陰陽、五行、二十八宿等學說）但仍自成系統的術數，如古代的西夏、突厥、吐魯番等占卜及星占術，藏族中有多種藏傳佛教占卜術、苯教占卜術、擇吉術、推命術、相術等；北方少數民族有薩滿教占卜術；不少少數民族如水族、白族、布朗族、佤族、彝族、苗族等，皆有占雞（卦）草卜、雞蛋卜等術，納西族的占星術、占卜術，彝族畢摩的推命術、占卜術……等等，都是屬於《易經》體系以外的術數。相對上，外國傳入的術數以及其理論，對我國術數影響更大。

曆法、推步術與外來術數的影響

我國的術數與曆法的關係非常緊密。早期的術數中，很多是利用星宿或星宿組合的位置（如某星在某州或某宮某度）付予某種吉凶意義，并據之以推演，例如歲星（木星）、月將（某月太陽所躔之宮次）等。不過，由於不同的古代曆法推步的誤差及歲差的問題，若干年後，其術數所用之星辰的位置，已與真實星辰的位置不一樣了；此如歲星（木星），早期的曆法及術數以十二年為一周期（以應地支），與木星真實周期十一點八六年，每幾十年便錯一宮。後來術家又設一「太歲」的假想星體來解決，是歲星運行的相反，週期亦剛好是十二年。而術數中的神煞，很多即是根據太歲的位置而定。又如六壬術中的「月將」，原是立春節氣後太陽躔娵訾之次而稱作「登明亥將」，至宋代，因歲差的關係，要到雨水節氣後太陽才躔娵訾之次，當時沈括提出了修正，但明清時六壬術中「月將」仍然沿用宋代沈括修正的起法沒有再修正。

由於以真實星象周期的推步術是非常繁複，而且古代星象推步術本身亦有不少誤差，大多數術數除依曆書保留了太陽（節氣）、太陰（月相）的簡單宮次計算外，漸漸形成根據干支、日月等的各自起例，以起出其他具有不同含義的眾多假想星象及神煞系統。唐宋以後，我國絕大部份術數都主要沿用這一系統，也出現了不少完全脫離真實星象的術數，如《子平術》、《紫微斗數》、《鐵版神數》等。後來就連一些利用真實星辰位置的術數，如《七政四餘術》及選擇法中的《天星選擇》，也已與假想星象及神煞混合而使用了。

隨着古代外國曆(推步)、術數的傳入,如唐代傳入的印度曆法及術數,元代傳入的回回曆等,其中我國占星術便吸收了印度占星術中羅睺星、計都星等而形成四餘星,又通過阿拉伯占星術而吸收了其中來自希臘、巴比倫占星術的黃道十二宮、四元素學說(地、水、火、風),並與我國傳統的二十八宿、五行說、神煞系統並存而形成《七政四餘術》。此外,一些術數中的北斗星名,不用我國傳統的星名:天樞、天璇、天璣、天權、玉衡、開陽、搖光,而是使用來自印度梵文所譯的:貪狼、巨門、祿存、文曲,廉貞、武曲、破軍等,此明顯是受到唐代從印度傳入的曆法及占星術所影響。如星命術的《紫微斗數》及堪輿術的《撼龍經》等文獻中,其星皆用印度譯名。及至清初《時憲曆》,置閏之法則改用西法「定氣」。清代以後的術數,又作過不少的調整。

陰陽學——術數在古代、官方管理及外國的影響

術數在古代社會中一直扮演着一個非常重要的角色,影響層面不單只是某一階層、某一職業、某一年齡的人,而是上自帝王,下至普通百姓,從出生到死亡,不論是生活上的小事如洗髮、出行等,大事如建房、入伙、出兵等,從個人、家族以至國家,從天文、氣象、地理到人事、軍事,從民俗、學術到宗教,都離不開術數的應用。我國最晚在唐代開始,已把以上術數之學,稱作陰陽(學),行術數者稱陰陽人。(敦煌文書、斯四三二七唐《師師漫語話》:「以下說陰陽人謾語話」,此說法後來傳入日本,今日本人稱行術數者為「陰陽師」)。一直到了清末,欽天監中負責陰陽術數的官員中,以及民間術數之士,仍名陰陽生。

古代政府的中欽天監(司天監),除了負責天文、曆法、輿地之外,亦精通其他如星占、選擇、堪輿等術數,除在皇室人員及朝庭中應用外,也定期頒行日書、修定術數,使民間對於天文、日曆用事吉

凶及使用其他術數時，有所依從。

中國古代政府對官方及民間陰陽學及陰陽官員，從其內容、人員的選拔、培訓、認證、考核、律法監管等，都有制度。至明清兩代，其制度更為完善、嚴格。

宋代官學之中，課程中已有陰陽學及其考試的內容。（宋徽宗崇寧三年〔一一零四年〕崇寧算學令：「諸學生習……並曆算、三式、天文書。」，「諸試……三式即射覆及預占三日陰陽風雨。天文即預定一月或一季分野災祥，並以依經備草合問為通。」

金代司天臺，從民間「草澤人」（即民間習術數之士）考試選拔：「其試之制，以《宣明曆》試推步，及《婚書》、《地理新書》試合婚、安葬，並《易》筮法，六壬課、三命、五星之術。」（《金史》卷五十一・志第三十二・選舉一）

元代為進一步加強官方陰陽學對民間的影響、管理、控制及培育，除沿襲宋代、金代在司天監掌管陰陽學及中央的官學陰陽學課程之外，更在地方上增設陰陽學之課程（《元史・選舉志一》：「世祖至元二十八年夏六月始置諸路陰陽學。」）地方上也設陰陽學教授員，培育及管轄地方陰陽人。（《元史・選舉志一》：「（元仁宗）延祐初，令陰陽人依儒醫例，於路、府、州設教授員，凡陰陽人皆管轄之，而上屬於太史焉。」）自此，民間的陰陽術士（陰陽人），被納入官方的管轄之下。

至明清兩代，陰陽學制度更為完善。中央欽天監掌管陰陽學，明代地方縣設陰陽學正術，各州設陰陽學典術，各縣設陰陽學訓術。陰陽人從地方陰陽學肆業或被選拔出來後，再送到欽天監考試。（《大明會典》卷二二三：「凡天下府州縣舉到陰陽人堪任正術等官者，俱從吏部送（欽天監），考中，送回選用；不中者發回原籍為民，原保官吏治罪。」）清代大致沿用明制，凡陰陽術數之流，悉歸中央欽天監及地方陰陽官員管理、培訓、認證。至今尚有「紹興府陰陽印」、「東光縣陰陽學記」等明代銅印，及某某縣某某之清代陰陽執照等傳世。

清代欽天監漏刻科對官員要求甚為嚴格。《大清會典》「國子監」規定：「凡算學之教，設肄業生。滿洲十有二人，蒙古、漢軍各六人，於各旗官學內考取。漢十有二人，於舉人、貢監生童內考取。附學生二十四人，由欽天監選送。教以天文演算法諸書，五年學業有成，舉人引見以欽天監博士用，貢監生童以天文生補用。」學生在官學肄業、貢監生肄業或考得舉人後，經過了五年對天文、算法、陰陽學的學習，其中精通陰陽術數者，會送往漏刻科。而在欽天監供職的官員，《大清會典則例》「欽天監」規定：「本監官生三年考核一次，術業精通者，保題升用。不及者，停其升轉，再加學習。如能黽勉供職，即予開複。仍不及者，降職一等，再令學習三年，能習熟者，准予開複，仍不能者，黜退。」除定期考核以定其升用降職外，《大清律例》中對陰陽術士不準確的推斷（妄言禍福）是要治罪的。《大清律例・一七八・術七・妄言禍福》：「凡陰陽術士不許於大小文武官員之家妄言禍福，違者杖一百。其依經推算星命卜課，不在禁限。」大小文武官員延請的陰陽術士，自然是以欽天監漏刻科官員或地方陰陽官員為主。

官方陰陽學制度也影響鄰國如朝鮮、日本、越南等地，一直到了民國時期，鄰國仍然沿用着我國的多種術數。而我國的漢族術數，在古代甚至影響遍及西夏、突厥、吐蕃、阿拉伯、印度、東南亞諸國。

術數研究

術數在我國古代社會雖然影響深遠，「是傳統中國理念中的一門科學，從傳統的陰陽、五行、九宮、八卦、河圖、洛書等觀念作大自然的研究。……傳統中國的天文學、數學、煉丹術等，要到上世紀中葉始受世界學者肯定。可是，術數還未受到應得的注意。術數在傳統中國科技史、思想史，文化史、社會史，甚至軍事史都有一定的影響。……更進一步了解術數，我們將更能了解中國歷史的全貌。」（何丙郁《術數、天文與醫學中國科技史的新視野》，香港城市大學中國文化中心。）

可是術數至今一直不受正統學界所重視，加上術家藏秘自珍，又揚言天機不可洩漏，「（術數）乃吾國科學與哲學融貫而成一種學說，數千年來傳衍嬗變，或隱或現，全賴一二有心人為之繼續維繫，賴以不絕，其中確有學術上研究之價值，非徒癡人說夢，荒誕不經之謂也。其所以至今不能在科學中成立一種地位者，實有數困。蓋古代士大夫階級目醫卜星相為九流之學，多恥道之；而發明諸大師又故為惝恍迷離之辭，以待後人探索；間有一二賢者有所發明，亦秘莫如深，既恐洩天地之秘，復恐譏為旁門左道，始終不肯公開研究，成立一有系統說明之書籍，貽之後世。故居今日而欲研究此種學術，實一極困難之事。」（民國徐樂吾《子平真詮評註》，方重審序）

現存的術數古籍，除極少數是唐、宋、元的版本外，絕大多數是明、清兩代的版本。其內容也主要是明、清兩代流行的術數，唐宋以前的術數及其書籍，大部份均已失傳，只能從史料記載、出土文獻、敦煌遺書中稍窺一鱗半爪。

術數版本

坊間術數古籍版本，大多是晚清書坊之翻刻本及民國書賈之重排本，其中豕亥魚魯，或而任意增刪，往往文意全非，以至不能卒讀。現今不論是術數愛好者，還是民俗、史學、社會、文化、版本等學術研究者，要想得一常見術數書籍的善本、原版，已經非常困難，更遑論稿本、鈔本、孤本。在文獻不足及缺乏善本的情況下，要想對術數的源流、理法、及其影響，作全面深入的研究，幾不可能。

有見及此，本叢刊編校小組經多年努力及多方協助，在中國、韓國、日本等地區搜羅了一九四九年以前漢文為主的術數類善本、珍本、鈔本、孤本、稿本、批校本等數百種，精選出其中最佳版本，分別輯入兩個系列：

一、心一堂術數古籍珍本叢刊

二、心一堂術數古籍整理叢刊

前者以最新數碼技術清理、修復珍本原本的版面，更正明顯的錯訛，部份善本更以原色精印，務求更勝原本，以饗讀者。後者延請、稿約有關專家、學者，以善本、珍本等作底本，參以其他版本，進行審定、校勘、注釋，務求打造一最善版本，供現代人閱讀、理解、研究等之用。不過，限於編校小組的水平，版本選擇及考證、文字修正、提要內容等方面，恐有疏漏及舛誤之處，懇請方家不吝指正。

心一堂術數古籍 珍本 整理 叢刊編校小組

二零一三年九月修訂

司馬頭陀地鉗

潭州鉗

潭州合作郡邑地用意留鉗記上下山脉六十里十七龍穴多貴體或時擺落或崚雲樓閣後頭生或如龍馬騰空落閃跌層山角或時歸洞或淩谿時俗豈能如或在高山或平陸龍殿雲間簇或如龍鳳或龜蛇獸星水口遮或如文筆或旗尾或時投

奔水龍頭龍尾好安墳永遠蔭
兒孫內有七穴官僚地十穴富
不貴潛今到此洩天機凡眼有
誰知長沙地廣知音少好話向
誰道黃龍占住石龍坡萬代更
無多
鶩洋山岳擁層陰關鎖瀟湘萬
古春八景展開千古逈萬山羅
列四時新長波裊〻清如鏡匣
浪滔〻白似銀遍地來尋龍來

至此再留神筆寫乾坤
古潭城內金盤穴勢似銀蟾望
月宮湘中富貴真難得金魚玉
帶居九重更有一盤堪愛處演
天身價倒流洪可憐枉作民間
圍保重元機作古風
長沙城內地如蝣形似生虵吸
海鰍對面千峯多聳秀四面更
無水東流早晚見得來勢好吩
咐時師莫亂投

鴛鴦井内陽宅居崇林畔是真
龍駱駝觜上天螺穴沙湖橋邊
子母尋周家觜内龜蚍地江口
大地是犀牛仙人現掌尋水木
倒起金星到右峯岳麓石潭倒
上地右塘黃板望尖峯右寨下
来象頭地圖山八尺馬頭雄城
邊地面俱曾寫留記將来寫入
圖
岳麓龍神皆出現哪吒猛勇護

神仙佛法盡安然好將寺院此
中安極樂似西天
虎潭深萬丈内有黃龍障走出
大江頭好下龍耳上白鶴兩邊
排牛頭洲作對將相王侯地後
人勿忘祀大石作猛獸這箇神
龍旺玉堂山下安亥龍作丙向
天馬飲泉人莫讀寕相侍郎職時
師會扦馬纓穴仔細與君訣與
君作穴不虛傳更有神仙下界

扦世上有緣人遇此為官快活
上西天
瀠灣橋頭地犀牛下海勢左有
勝龍遮右有旗鼓崎妙砂朝遶
近山邊毋代為官貴癸丁安一
穴兒孫朝金闕識得雄龍左邊
安右邊富裡藏真訣若還眼力
不能明難認精神假与真
望城坡裏地岳巒行龍至恰似
覆舟形又如半月勢對岑勢不對

峯左右均平取有此人俯此安
代代為官貴時師若亂折下後
人鎮廢
書堂有穴浮悼地庚酉山来勢
起穴落平陽又如雲山砌秀水
調旬鼓角聲旌旗鼓角撚衙規
桿門華表兩邊朝官羽出官僚
甲寅簇起雲霄裡此等山峯貴
壬子癸来丑水来流富貴斗量
金龍泊江邊其勢野此地無人

下或時起水如波瀾穴向此中
安
古寨城邊一窩地到此人難遇下
有黃金三百兩寶劍安其上上
有牙刀在半雲子孫五代佐朝
庭
頭頂盡湊塘腳踏鵞洋山左手
扳岳麓右手接瀏陽有人遇此
穴兒孫近帝王
黃山店一穴甲山坤向寅刑似

犀牛安角腹富貴兩双全
迤邐行来馬家坪四畔山水尽
来追尋到高山看四面一覽满
湘見武時行起水面来穴向此
中裁刑形似将軍来出陣此地
無人認甲山庚向龍一撮朱紫
兒孫着先出文官後出武状代
代紫衣使
江口大地是犀牛山水尽綢繆
亥山作丙向此等山峰貴石笋

陷江朝大地聖人苗有人向此

扦留鉗不靈傳

望有(覓)崇林一穴地壬子騰、起

坐甲向庚山山秀水灣、石人

石馬在前面左右排衙現白虎

鼓角立前朝宮音出官僚辛山

一簇雲霄裡此等貴峰起坤水

灣到向消佐国更品高向有牙

刀又有笏寧相公明出高山界

曲水尽来朝天貴用招
望東見牛山似龍纏形勢八方
圓有亦得月弦穴為官永不絶
城如好箇貴人龍横看是嶺側
是峰飛来挺〻两頭落或東是
頭西是脚如龍变換入垣来厮
對雙峰文筆卓樓台宫駕出雲
宵寶馬金旌旗六秀交水出天
门龍作洞富貴千人共似龍飛

舞似鳳吟天然有穴華陰〻三
世為官上帝京萬古千秋有声
名識得仙人俾掌穴滿门朱紫
半千丁
雲母山尖頭一峰出帳便成龍
擺旋飛騰三五节勒馬轉天關
乾坤即翼起馬峰天馬对天蓬
真疊貴龍滚〻勢天柱分明是
天乙太乙立兩旁鬼路莫數通
正好開鉗安一穴四時[illegible]高[illegible]

八方羅陀洞源深石澗裏尋
有人下得天然穴將軍神猛烈丈
一武鎮長城九代作忠臣
連山高停霧勝漫〻下有金龍作野
盤外木水長為將相腰金衣紫將
星空石頭岩無人識須教長在帝
主側西山乾亥兩宮壯五代兒孫上
表策掛劍寒山爍大陽錦衣玉
佩坐天堂文武雙全安社稷威風
護令佐於王水入右江兵案趕山環

孤巔請邉壇乾來甲乙明堂秀　古
怪教人憶斷腸
斗門塘前一穴地　真武坐坛势邑
蛇二將喜相隨　當貴旺千秋時人
遇得真龍脈　兒孫定作蟾宮客
西山大塘山千山走復還朝朝帰遺跡
亘亘鬼一發之欄白玉寺前水三關及
五團於中一穴地珂佩向珊珊惟愛
水朝北流入向右灘坤山作艮向當
貴非壽閣　左旋潭

白茅鋪了穴地分明跌在平田裏形
勢似蜈蚣江上一星江前後高峯起
武臨田盛近水先富後科第時師切
莫洩天機凡你有誰知有緣人遇此
富貴着繼衣
盤松鋪前地天螺晒靨日〻人上下
包〻風撲地乾上起樓台雜官水來
教人肯下乃着大子雙及第
龍山橋頭地丑艮行十里亂說眼象
形誰識蒼龍勢坎離二水夾執勞

天門裏朝〻人馬過繩穿牯牛鼻
左有樓台鼓右有文星貴老人
當面立下着公侯位
李公橋頭地形似蓮花勢朝〻人馬
往來行宿〻鴛鴦湖中載却是高山龍
映着平田裏有人下得着〻高官職
益陽天寶山心〻裡十八龍神起〻如斗宿聚天宮四
畔碧羅宮十二重城關鎖了帝星光皎〻水落擇門
似雷声〻三國坐尊城乾亥來龍坤申水將相王侯

地出詳聰明蓋世雄一穴住泥
中八圍田庄居二處樓上樓他台
黑霧漫上起水星風水來晴雲
雲霧騰來霞何時生聖人掛榜一
名狀元人
榮洞好案顏祖龍來坤落下貴
人峯乾坤艮巽四山起關住龍
神來洞中八山四水流乾位一
派九關出洞天簾幕貴人有出
陡分明有穴自天成嘯天獅子

囬龍穴簾下　三峯如踏節捧簾
殿試此中生　五代金门朝帝闕
四畔山龍如鳳舞　一宮簾羃相
旌旗洞口獸王頭　角露神童掛
榜近天墀
樟溪水口一個象穴　扦鼻頭上
坤申長水正來朝　回山相繞生
官僚水流乾亥二百里　滿門朱
紫貴芳安如亦上帝京　世代烱
金銀

巻説攝隱球山勝似神仙洞
府面八面號神皆聚会三長[illegible]
外出長灘過迴山脚百餘里五
七、峯高而南有人下得為官
位更出神仙來錬丹
雞公山脚六七星半有黃訣地
冬瓜做藥誰敢斷有地有訣神
西流轉外人難思只為訣神濁
十中一二出作僚郎守玉提形
更出張果無義徒白日攝弓箭

为官不到御簾前掛劍心胆寒
罗洋山下水涨西麻潭濱畔下
山龟在山顶上似人舞岳欅巖山
前土一堆
坐山四穴剪火头弯丙丁二向
朱紫满门
口此坟坐落会通潜行动就涧
降势却有三五就分佈源流中
上有一就分二水已来乘气虹
拖鈴舞动势威权穴在路傍也

天乙太乙到明堂面水隨□走
乙辰巳亥四□案更出來□□
盤龍鶴形鑼鼓地武官揮劍勢
戈星頭上好安墳當面有兵屯
此地分明降勢抹愚師誰敢說
阢藏車馬到明堂文武掌朝綱
上到穴前看四面金水星辰現樓台鼓
角對太江氣勢自軒昂有福人家
出富貴無福反夏憂靈龍虎捍门人
不識一穴有三穴三回四鋪不通風代

代有人坐金闕

雷田三峽塘口雙江庚甲巳亥朱紫輕郎寅甲奴龍

入路似卧龍伏寅甲水流庚家宅永撤禁

梅嶺四山脚四畔無城廓冲天孤曜龍世代佐

皇宮瑜藻年陽無人識穿山衆水皆聚會

有人遇真穴艮山流癸缺

雲山有龍水會道一穴占麒麟臨四流朝聚鋪

天门富貴產奇人

深山一穴地落水鳳凰形甲水長流去萬人

旺人丁

黃梁一穴地恰似驢勢下的真穴時代〻攀
丹桂
湖市一穴地辛戌如龍鼻甲山癸水源下着出
翰林
大漢小漢二龍相隨大林石洞高聳相推
黃岡對溪山龍作盤旋勢三穴艮寅亥定
出知州美
坤山兵馬衣祿身貴水聚山朝獨高無
憂
黃沙湖背地人道穴難覓勢如遊龜及死

屍下着兒孫着緋衣天關塞圓小溪間二水
中流落中山　蜈蚣獨倖高松嶺獅子搖鈴
石屏山西峯坎立同山直入埠山郎水繞
西環北東流去岑在富貴榮華不等
間
泉塘上暗山中戌向出神童亥向丸犢
信來向北石崇
神廟相公灘伏龍對橫　江弄水
遊龜形丙向去高官
南陵對北岸西向山四止

雙龍水[illegible]家足富貴
天官灘頭地捲天天旗勢但[illegible]
掌中看富貴出高官
樟樹洞七龍丑艮紀詆虹左山对
右衛右山排圍拱水口巨门星大金
駁小金識得陰陽穴富貴出知丞
雙滂嶺頭地丑艮酉流水先富出是因
禾後出紫衣使
龍坡一穴地乾亥水牛鼻巽丙起雙峯
代代官僚位

茶坳三貴穴穴後多空缺明月釣湘心

丙（丁壬）宍值千金

黿塘五龍聚聚上長山鋪來向亥

龍崗代代作都堂

小溪石橋畔卯乙龍蛇亂棋盤仙掌

形富貴旺人丁

馬蹄有五龍小者出神童四穴宮僚位

辰戌丑未申

長田閬蝦坡四面八風吹孤雁御蓋勢

來向々着直紫衣

磊石三層星西行楊收征斷橋半潮

文子繼魁星

長圳左井坡西龍坐北河兔眠青草

地當貴星田禾

雷塘坐石门水聚衆山壽不是桐公宅

日後產龍孫

出州行廿里龍住左朱田市丁艮坤向发縣 丁乾向发墳

令不會官

馬嶺泥橋畔龍神難住着對取西峯

端坤艮出高官

涓州三十里石圳港口是丑艮是真龍
蘭墉去相公
三州背三洞催官水相送有人識得時
富貴千家共
牛眠石洞口怪龍隨水走玉枕與橫琴
識得斗量金
子規峯頭嶺龍過天河并山南跌斷
大田西西向穴相宜有人尋得著兒孫登台閣
青龍灘下長灘下金魚滿庫藏龍歸
石坡裡渦门朱紫高無比穴落

中勢若邪仙洞有人下得着富[illegible]

秋同

錦市中園裡地九龍來相聚內有一[illegible]

春乾亥壬樓台穴似雲中月灣環

兩岸開龜蛇前面應一穴勝三台

安樓南北變龍會富貴名有位南龍西

向一紀洲富貴旺千秋

金茄有大地元黿鼉鼇鼈勢怪異風吹穴識

得高官位

沙難一龍穴佳蒼嶺乾亥子癸

穴落路下似流星富貴旺千

丁

湘鄉賀家坳師賀家塚

錦衣南北師橋東南(西)雲湖乾亥

不靈清奇一箇鉢盂僧對(進御)侍

五箇貴峯着紗衣

飛天龍住峽石上大小岩相向

蟾貌風吹是此龍〻有宮封

金釜雞坤裏也就行起伏勢大

小流星辛兌庚向坤中立來

巽丁未峯文章高品貴

東頭一穴地勢東如飛龍[illegible]爾
水流東代代富豪翁
石姑坑頭地丁未迨迨起坤甲
正龍岡大石水中往
斷塘一穴地坤水南東至面前
山山懸當面出狀元
白茅洞裏地遠遠聽水至下着
足田禾後出高官位
梅田有大地橋東即及橋西朝
對相公笏穴向貴中貴乾亥

起来龍丙向艮水流有人出
得此代〻高位
襄陽水口有一井兩〻對〻重〻嶺
四山高幛穴須低平水正相
宜水流丑艮出長江富貴永
遠長
灣市一穴地西山巃亥是代〻
出雄英下着高官位
遇陽一穴地遠〻丑艮是丁栄
庚兌水代〻出富貴

大塘乾山地寶幛朝東勢水流到[illegible]衙
孫兼抄桂
上排東北地衆山繞龍睡坤艮貴人案
左右皆榮貴
黃圍旺龍品字形穴在龍耳鼻頭角
下來旺發秋龍入臥荒垣耳邊
一穴宜為趣定出官兵吏惟有鼻穴
最風流名譽達九卿手中山水盡手
悅出入朝帝闕更有一穴不可言萬
代永留鉗

石塘一穴地坐坤前案高峯直入雲僊子
　捧球安頂上塘邊龜石甚分明玉帶
　金魚庚酉上回畔注山鎮宅門有人逢着
　獅頂穴合家朱紫佐朝廷
湘鎮西江地西邊行龍去有人下着龍奔
　水代代王侯位時師若下龍口穴為官
　皆補缺無福人家葬下邊下後有人嫌
新坡一穴地五代為官貴勢似海鰍形堅上最
　分明宜下黃鰍嘴為官多富貴家向是
　真山定出列官班後人遇此穴看些去

山

迤邐行來右畔大地無人過形似鳳凰展翅翻

上莫改移離山扦向子代〻為官貴水口

如玉帶〻此名山峯尖

殺〻狗坤頭地好扦下着進田園穴前出羅

堆無數金銀滿倉庫有峯似槍旗大

富永無移

一

石

旂石鼓石金雞跌落昴崗嶺峻溪五

箇圍峯朝玄趾乎中有穴知的地後

人

下着有緣的兒孫代〻着緋衣

大托灣出鏡平田向西迎水出主天门上

十代出公卿

龍虎會河塘一水出湘江氣隐坵壠

皁世代侍君王上有龍潭下有埽

遇着金銀滿庫藏青龍灘上長

灘下四圍相对出官家

疊石橫塘苦竹坡四面繞相宜有

遇得此箇〻着緋衣

太歲築灘頭地長葉龜蛇勢

遇此者代〻高官位

白石祖龍岡牛嶺下燮公灘
天華書來不日上朝班[illegible]
了嶺大窩穴奔龍潭富如陶朱
千倉萬箱
興馬淋西地坤申對丙巳溪水
議乾亥富貴榮三世
東布一条九曲水東西南北至
几度枝敲松三柏橋其地如此
下着緇衣出百嶺時師來可
比

昭港江邊好朝水其地近天子
千里山何暗地朝集得眾官
僚艮山坤向人難識應手高
為益當打墳前三五百畨
次第遠天闕世代作僚大富（代代立朝班）
不等閒

昭峽一穴地真武作墳勢兩脚
踏龜蛇捧後有七星旂對面
兩尖峯水流西北去[illegible][illegible][illegible]
識此世代着紫衣

小七一木星順水往北行明堂
容萬兵馬與萬馬塞龍討前後
貌兩尖峯水歸湘江中有人才
浮着貴可至三品
湘潭大溪石塔寺四面俱來聚中
有一山似鶯頭大小水東流堆中石頭
連續起外有三峯貴前面將水青去
印掌中安千里四維城八面聚唐國
應難比血刃星高入紫微其地少人知
二十四代朝天子八面皆擁衛子滿後

世少逢潛跡隱其蹤平地一穴無
人識將個人字勢有人來遇此世
代公侯位

龍興大地鳥鵠落展翅飛來下潭托
天馬迎來枯骨高左右將軍鎮、
台閣遠看左前落後世時師桂
磨琢

鳥石山尖插半天分明大奇偶數中
全轉入貪狼星富貴是田園真
山甲向水流東氣上參天起

秀峯庸師只向水邊覓誰知
此穴东中停龍隱形藏山勢
顯下六代七出神童公卿
湘河口内連洞二分間有馬石寨
峯田過峽拖鎗勢草蛇灰線當
頭立左沙逆水二峯牙刀貴
白虎帶官星青龍收水口下
之出緋羅三代东都堂督只
恐人難過
泉塘大地無人難識不知泉水來泉

右塘左右牙刀來擁護定云宰相佐君王大地韜藏不記年有緣遇此產英賢歟君留住勿輕洩莫把天機俗傳

長峯水口高山地石水朝來貴馬上圓峯似頓鎗腰帶現明堂南岳山高千萬丈此處如何向嘯天一穴對坤申朝水遠遠迎葬下六年生貴子若遇納音木火命三卅五縣足田莊橋

湖陰

軍山龍有三十里局面偉大尖
峯起馬頭圓山似頓鎗穴生
懶坦鋪毡勢後龍節節全
鈿三千三百無數貴水口羅
星似戲魚迎得一灣大貴水
前有天梯鳳節起田頭四顧
山盡聚山冢宜向庚富甲接
取遠朝百里至披心一穴下
萬金代代兒孫當富貴為官
武職作藩臣建節封侯三千

戶神仙言此不虛傳分明福
薄人難遇
鼓額砂背地上水主富貴東向
一取来龍蘭塘對面是
沿湘一穴地南北五七龍俱至或臨水
或田頭辰水圍者是尋穴在西边
三世同顯貴
雙堆一穴地西北龍接水東南盡妻
朝流至北辰去系似五龍奔下着
富貴葬

朱洲灘南地東西龍就水望見勾
欄山下着出高位、
九曲水口龍前有六龍峯望見真龍勢
雷打便侯封
南至雙橋去中向縈金峯有人、、下渭着白屋
出三公。雲峯山腳下石井坐龍馬水繞官
塘坤三紀出神童
樞
地松嶺畔卯至龍蛇亂向取草
福
塘頭官祿主封侯
大坤三四角散飛舞鵝鶴坐向三

浰坑三司兩知縣
橫嶺西塘口牛馬兩頭走識得二
金星富貴旺千丁
南嶽衡山上走出神龍旺馬過度西
馬發朱紫占鰲魁
新安磊石地遠遠東北乾亥壬丑
艮派庚向坤申起辰巽丁未峯
下着出王公
象石艮山龍神仙現真蹤聽得
金雞叫兄弟盡侯封

家在一小地上有女仙去西水流坤申[illegible]
世代出貧人應驗新山見分明
收貧

白在灘岩下其龍貴無價坤艮逃華
帳子息富倉箱乾脈來山對濕
口入卦天星就兩邊山水盡來朝
地落太平田恰似紅降泊岸勢
紅石水中水中現日月權衡兩
畔生鷺令流天岳文武英雄
鎮天地則是一般貴仙鸞舞鳳

對宮乾玉笏并端圭來入庚丁坤
及第司馬留鉗記簪纓永遠旺
千年山河半主人寅甲認其情
地傍伏波廟雙魚上水勢乾山向巽
方寅甲水横至流门正是乾山頭
出狀元有人能下看官封萬戶侯
南岑胡家地落在平田裏時師
莫使機亩葬卯處地遠山來
作朝坐卯向面是河潭对河
有南岸

淥口山門地丑艮騰一〻起坐甲
向庚方正向山門裡穴乃真
太滿双祖双親貴水如眼常
饒更有運錢鬼

醴陵金塘地四畔山水聚列此
尋龍穴有富更有貴後能遇
渭者先富後科第

南陵坡一穴地落在平田裏寅甲
向庚甲屈曲水朝至內有古
罡藏印星端是貴千着十年

後方有人及第
水口石穴地真武龜蛇勢乾山
向巽方不着王侯位
泉山一穴地貓蛇奔水勢坐正
向寅甲坤申天門至
没塘一穴地恰似生蛇勢屈曲
下山來落穴脉在水申庚向穴
甲水有放東流更有羅星立下
着官星
清塘一穴地過溪飲水勢坐乙

向辛方天門橫龍正穴見太陽

星下着多崇貴

松柏渡頭口黃蛇弄水勢前有

七星龍文星當面下有火燒廟

連還柔百集癸山作庚向辛子雙及

第

雲居山下地九葉蓮花勢辛山壬

丙向江水清旋去水口磊天石更

有文字現有人下着官出国士

五眼塘口地東山流庚去丁未變

蹺纏古城大山岡午水面圍去處
官作侍郎
玉仙山前地西北峯巒麗兩岸
貴人峰宮出仙美位
大富山前地丑艮抛球勢滔
竟在田墟東輪峯对合乾行
入庚丁下看王侯位
號骨山來有大地南岳朝山至
遠近三五星穴見三五处若移
乾卦裝來西隨水勢看人亲

此看富貴双全地
金雞石一穴子孫騰騰出西庚辛
勢長此是居龍水口亂尖山岩
出文章貴貴
官灘有一地望見昭陵我巽水
入天门世代出官貴
勾欄山前地望見旗山近丑艮
從流來代代加封侯
黃岩田一穴坤向迴龍脈來從
向西流榮榮華容易得

銅舍三穴地丑艮双龍行丁未
西苑海世代出官貴龔巳年丁
峰文童亨官位
明月山前地水界來龍山望見
罗田山庚酉丑艮位出人退後
時代ㄟ出富貴
古城對丁山天門高口闊平坤
三四穴富貴出清閒
鵝鴨塘西北來水流北勢下看
旺人丁更出官僚位

白露一穴地丙丁九枝勢尖石
從口鎖巽水東流去庸人認得
時大貴而小富
新陽丁代地西北二從至丁未起
兑龍當代有大貴來水巽流長
只有銀堂櫃
鴻山一穴地丑艮真龍貴丁來
起双峰辛水巽方出若能此處
當代々出賢皆
圓境山西地積世多榮貴東從

郡長流大富又大貴
馬台順就勢下台作辰去一個巨
門星金銀用斗量
石洋田边有一穴世人真難行
星辰端坐自天然此地似人信
坐北向勢彩帝瀾老人星出現
會星曜星鎮東方三代作居王
更出三百稅儀有富更有貴
遇汝二人知就得兩依稀
古今無一人難識留行傳消息

姜村一穴地巽辰東塲行砂口似
懸鐘丑艮似龍眠北山水向南天
灣三四枝辛水面來源世代高假位
丁
仙嶺背地東源來上貴辰巽起
高峯頓笏行合程西山似懸簾
官至高皆位
黃沙灘裏地魚梁流水貫西水
辛兑來東來向艮去辰巽乾降
生知不刺史位
地從因程過上有真訣流穴似

金釵与蓋箕富貴水亦移向
生玉帶為橫案掛榜筆魚現出
人五百萬一君代〻近難隨
坐兌號坑山勢流坑尾水魚躍
坤山艮向水遶壺紗放一水莊空
面萬水江〻關鎖際會右三个欄
有禄云家向此折半絕旺千田

祝

融有一龍盤下狀水萬匠馬勢水當
電走雲間湧〻出天關跌落平
陽便作穴山水灣如月九条龍

鳳入來朝宮殿架雲霄須報世
人識得者莫向右邊下此是天公
立聖基識得元不識寶劍安其
上象著天陰日月皆四野起烟
靡五岳鬼神常擁護候天當其
數天顯甲子聖人生主立五京
城中原大國為其王掃淨妖氣
滅一統順君九百年圖〻上青
天
衡州注烏龜走坤水長流細丈

見雌雄兩伏藏对面好峯圍出內
好官与侍従爐烟常擁多児孫六代
出官僚富貴此中拈
來嶺騰ヽ高百丈恰似伏虹横中有
三星是東宮望見紫崆峒石灘
一条屈曲水三百里來至萬山
攢壁勢騰空曜筆出雲東至案
几丈當面纏了閣角二音拱殺星
果星獨莫雄の激血腥与星夜
子午の子山對午取百萬雄師

滿地乃宇宙尽翻騰
大園山上一穴地眼骨層層起丁未山崗
枝接纏富貴出陳關
攸縣平陽大佛塘九龍跌落到明堂三
龍水聚龍高繞山秀峯巒展鳳
凰旋節擁衛現當面起捍门旂
鼓兩邊安近水安墳平為常時
人莫識少科量掌行執節名富
貴三百餘年佐帝王
行来到茶陵好地後人尋辛山乙

西向諸地大路上依傍龍勢世一紫
衣榮精日向此扦半紀出高官
後步到貴君龜獅為形勢甚兩變有
力金木水火土五行齊備是有像
向北扦富貴世希罕

茶陵古山八百里二十八条引龍水
黄茅白庄廣大諸路堂筹萬千
馬皆疊鼓簾模皆垂地金魚玉
印面前迎羅城三百里水落在
蘇泰似鼓出的文兼武雖是一

峯石兩岸小石皆兜朝讓与時
師仔細尋之時莫下一
穴千層價合得香鉗方可出弟
古出高官、
好
斤炅崖寺出佛不出僧日間風
掃地夜晚月明燈獅子喝天高
古城寨臘上翼就來落脈雲佛
作卒向有緣遍此地封侯及拜相
乙
火星巖貫隊石扁剎岌一派水木
星脈落本陽地一祖分九就陳是

火星祖右旋砣罗化孔抽挑冰节
右旋九烟起伏茶卿去中抽
乱木星变起芦鞭势来顶观音
形脚向西　口甲山作庚向狮象
把冰口積善人遇此释将及封侯
秦人洞尖地千里坪述势西述节
乙生到决一乘　聚向里增添
富贵轮至澜双贵带牙刀将十二
进三代出神童世代状元郎
張金橋一穴地坎山一丈二尚有

上天梯望見玉堦水形似張君
者乾亥壬于水子癸午丁向衆山
係龍衡遇此陰陽穴先富後大
貴。

黃山嶺脚下地天虹飲水勢甲乙
向庚方来水横来至前有獣元
峯後有住龍鬼名曰洗馬橋下後
王侯位

迤邐行来石塘坑行龍尽向東
三峯如覆鐘一戶出三公更有牙

刀與觀菊朱紫新中錄沒人識
河將軍勢甲卯更有文星峰特
師識得莫傳老僧鉗語是真言

清池境 一穴地癸丑艮謊起坐申向宗
甲樓台左右迎甯音出高發石笋
面前迎西水倒流東護國赤忠
心 然聚山來新大富此中指

竹溪 一穴華斗民面前月巢坐下
著真珠壽莊便滿福人難得離
山子癸是真謊來水遶坐左

右二子姑輔弼子孫多怕賊役
人尋得滿山穴撥鉗前真訣
天
境左边一穴氐宗甲來訣勢左
擺右擺出作傑最美雄端
圭五簡面前生仔細尋子妹叨
子是皇后時師用心扦
道渡一穴地面兩一𦉐甚幕南生一
葉蓮道渡蛇過路诈敢与君扦
扦着三公族
廿户山𧊒乙去望見清來起石人户

馬作朝岸世代至人訣内有雄
訣人不識也要生福銅旗銅鼓
鎖天门助国擂龜知此勢是二
訣草珠勢甲乙麒麟是圭簡対
封生皇后此中来

佳

塘卒地生蛇勢下後多子息不
出宜貴不出文一味是金銀
脩山天[illegible]為水朶金覓龍丅尾
坐宥溪宥星見脩山水嶺便是
王基坤方山勢要惡好似螺螄腳

清波(鐘鼓)響炒是滴漏氣
龍泊英南地穴作將軍勢江水隔
案朝產出聖人苗左畔旂山右
天馬將軍名天下子孫世代逞
英雄朱子佐朝廷
迤運行到石龍灣龍勢落西山山
水盡來迎此是地佐朝廷落穴
多如獅子上形在獅子口口上
坤龍氣太尉稱官戟紅旂滔滔
皆來佐兵萬兵齊擁護

来来磊磊多雄龍蜂腰鶴膝是設
龍師指山个神仙近原来小口
是雌龍百子千孙富不穷我今
漫說雄溪源真龍送出近江边
左右有山来相会文武俱拱在
兩边人說只得雄龍穴子孙稱
相結斡郎勃霧突峰如卓筆生
出文武賊穴在坤方眼艮宗山
水秀訪面玉帶案牙笏捍门見
朱紫滿门貴留与有緣筆

依家洞口有真龍落穴又藏風勝師
到此細尋蹤留与後人逢
遇
山龍勢修山到從山起來勢三腦是真
龍落穴江邊裡好作上水龍山之柄
鉾揖貴峯百里遠勝過君宗後穴
在龍端巧遇衛恐難曉埠頭真
龍蹤世代永無窮能救貧來能
済舊從代向此折金銀満庫
來
口吳江連漫水一品三公地丑來丁地
水流坤敵國富凌雲

西峯真龍落古塘　穴向紅蓮心内藏　形似
金鷄來展翼　真是鳳凰点頭蹤驅
延展裏數十里　脈弓一案好明堂外
有刃星塞水口　內有獅子捍门傍
堆甲石歌層次鼓　文臣武職近君王
坐着長庚面曉星　世代爛金銀晚節
若素折此穴　不得千金莫与下　老僧
鈿記不虚傳　一番傳授有緣
双傍一穴坐西北　就過水來兩
将來朝西北去　流勢其似五

沭奔下蒼為官貴
行盡江南十二洲順有傍湖出
右牛離飛院々居乾位照水滔
々丫良俺天鵝宿々鳴更鼓
蕉魚躬々釋冤旒沒有福
人能鑿此帝子王孫八百秋
祥雲曙霧盡天旋湧出驛沭坐
天暉天馬貴人尚左右喝天
獅子象羊摩崖沭出洞誰覺
十里飛來下甸岳山峯潰出

天市垣神童方入幞潛令不敢再言
總恐後人有差錯司馬頭陀沒意智
下了百丈地下了大地作法王請天
遠傳揚
龍住西峯水繞石洞順安縣極向祖侯封
石鏡兩峯龍走西東南貴北富西向英雄
乾坤艮巽四向人皇甲庚丙壬富勝石崇
桂山橋口兩條龍文出西來武出東雌雄
極應兩極行旅數人雲中一十八層鬼山
峯山巍峩逶迤峙出三台四神八將繞飛天

訣條勢不壞不來侵九星大焰瑩
賁訣下鼻中來訣千里天康卸
有穴真訣筆脈長了未遷纠子
癸艮訣吟庫嘯不尋嘗主陵曾
葬此山仙漢將人於永傳揚
訣甲山馬公源戈星卧見眾顧
此地少人才逢惡福難消受有
緣富貴翁訣旅下戈星有个龜
形勢穴在龜背上平步上青天
牛劍山形如犬眼並佩如仗不計

等路上行人难辨說庸師到此覽
穿行離山阬之身旅勢出人僅
只有條錢若是有人尋此穴中
劉山下問犬眠
洗腳行跡旅勢西旅穴跡席雨
也有甲山庚向水流伐之上兩貴
峰生作介西摩牛不海形十代
佐穀廷若折半鼻穴为官求不絶
五門二跡爭珠勢雄出西穀雌如
北雌雄若自漳楊台旗鼓連雲

焰焰來拜門華表又雄衙唱喏
旌旗起雲霞萬呼從擁路隊
伍在門掛劍戰旌看五方兵
子富貴多金榜題名姓字香
代代有人佐朝堂從家十代驄
宝郎有个陽宅太坪橋五宅石
門好諸神擁護路山關
水口橋鎖重重見三山四尽水相逢
明堂旗鼓甘、天馬千百條年
子孫皇

王母梳粧形巧妙雌雄相對富
豪翁金冠封誥鏡奩左邊
霞帔笏擎弓勒馬屯兵雲鬟
出女英雄如男漢坎壬山谷
勢驅羊左有行旂右有鎗走
馬旌旗焰焰勇點兵屯角鼓
咚咚樓臺梳洗粧臺閣女人
榮貴簪纓欽乙向巽墳為第
一乙辰丙字泊王母吳葬吧
上穴代代朝金闕

益陽西南角白鹿〻只腳内有
一山似鳳形穴落一低銀此
穴分明正坐乙坤水兩邊行
四山繞擁紫金鳥雲水入明
堂拜將拜相有生龍樓鳳輦
攢渡湖阮〻似魚遊伐〻佩
金魚
坐見南階一穴地丑宮騰〻起
宮甲落穴向坤申水秀山調
白石人石馬人不見此地未

曾顯捍门葬袁砺邊鈅閣角
生庚辛一簇雲霄裏山聳山
峯貴申庚至水倒歸辰護國
大將筆左有刀右有笏聖
三居佐輔

灵溪一穴犀牛地坐見南山雲
化踪百里河牙生形阬阬
合天心离山紅旗旺乾水富
貴嗚變坐甲向坤收衣列處
朝廷先生文來後生武留肖

福後人

陀頭直奔楓林宿坐見魚蛇來嶺頭水口

西北雙雙發面前水轉千萬曲捍門挑

冒起千峯隱露有禽星時人来遇雄龍

穴非全益阡陌

望見大羅一穴地魚蛇騰騰起庚峯坐落穴

甚分明未峯太相逢黃龍結穴似蜈蚣

此地似真龍左右山水皆朝聚銀瓶堆

盞罍玉案横琴參席生朱棠佐皇廷

官坡有一知州地亥卯是龍脈左畔紅旗
右牙笏分明龍師伏离方癸穴生龍結
禽石水口現精上到五品悟具帰空门
官溪有一龍神穴左右來相接乾亥磊磊
起午山秀峯列落穴分水在坎山坤申
岗面立水口送南來聚會大寡英雄偉
旗山辰辰白布的五代足田庄
路口雌雄文武龍排兵飛舞馬行踪旌旂
石鼓般般有更有排衙唱喏峯千里來

龍無人識玉帶金魚做應就寶蓋幢〻
連鼓角面前玉案起重〻後代有人拜
着此閤門朱紫入〻乙
武潭溪頭着湖水一似珠穿勢四畔江山
似鞠躬百代官豪爲凡閣懸簾如掛幞〻
亥龍丙向君宜下截時大羅敕喚〻佐
圖輔皇宫
浮印行龍出鼓角四畔出雲泊龍行走馬
似驅羊左右山面抱疊〻堆峰好面龍

坐甲向庚辛御路播声名世代兒孫多
富貴更有神仙下山盛回龍顧祖在其
上積善方能葬
道觀兩山帳坐向三山列水到入龍江朱
紫滿卿臺
岳麓山前景象新時師不識這龍神青龍
前畔樓臺潤龍去裏頭泊虎乾亥來
龍穴勢高兒孫朱紫出英雄大江坤水
向前去更有三湖作應砂

天開屋圖小溪间二水中流落中山蜈蚣
獨節高高嶺獅子擺餘石佛山西嶺峯
頓立陶山真玉堆灘頭水繞環西水东
流春當在富貴榮華不等间
石塘若仔破四處總相宜有緣遇得者個
〻着緋衣
掛嶺一穴地金體太陽勢作形為仙女天
馬眠前至有人下得着官貴應無比
馬頭一穴似天馬修山水口下此是穴龍

穴定生通判位

龍潭灣中坐朝水勢似羣羊捍狗路百里

朝來正生形鎮國大將軍黃乙山起腦

庚辛龍展秀文武集雄威小娃勿輕破

下後禍相隨

三突灵楊泗坤生就乳穴乙向东考經詳

砂位此地出三公

白石尖前瀏水北岸中有一就轉行為上

卦合天星璣圭玉簡驛馬峯高勛名海表

人外國為王緣君遇到巽向文明神仙頂
精穴敢窩鉗水神修遠念里而邊題邑
流頭眛君難擬造化秘箇 存中
龍牙有一山來直二上雲霄裏裏奇毛異
骨鎮山河釋子在就窩四畔石人擁護
穴就佛皆回疊金箱玉印對天心拱向
清淨门
灵川有地無人識穴在峽將軍生右邊萬
馬盡相隨左畔將軍皆擁護文武兩邊

立富貴從此生善人方可扦惡人絕後
禍
垛谿上頭有龍泊形似猫兒坐犀華立家
学下後進田園放水破官鬼出富不生
貴仔細與君說下葬臍中穴
九角山頭起行峯阬〻峯巒美壘〻落九
岡穴在工三五里時師莫亂針又為天
邊月作兩陰陽宅玉女捧匣間水口三
臺兩邊守北斗七星安頂上子山作年

向有緣向此扦三年出狀元
楊坤一穴地南霰來龍赵乾山作巽向穴
向此尋中做浮漚翁撒網形世代斗暈
金
韶山一龍落恰似仙雀泊左畔武潭江對
面有三台生入趙祖壽代代兒孫官
軫宿星君鎮南路現出瀟湘府星峯端秀
兩邊近安頓兵馬屯巽赵星峯龍湧秀
落脈入壬癸峯巒端飛落穴亥仰天湖

面會龍合丙向星數藏積澶向此量
湘潭南岸有大地恰似黃龍戲海勢坤申
乾水向北流照山鎮水口洋海獅上拋
往來人唱喏東裏回頭趕圓峯丙丁坐
向是生龍葬後富貴不尋常世代發名
遠傳揚
文武稿邊三穴真可嘆無人接老僧後代
有人遇得着合家朱紫又三乙.
青龍山上穴地金牛起祖略師用意扦葬

後唐錦〻宝牛大地甚英雄時師尋得
莫開義穴似月弦形千里來龍到此藏
玉印兩金箱四神八將盡皆朝代〻生
玄僚
馬跡托源山茅地有穴似牛皮時師扦得〻
着朝帝錦衣歸
秀先一穴地形似天誅勢子癸午丁向分
拱衛有緣得遇此先富後生貴
烏山脫卸又成龍惡名好英雄笑天獅子

右頂上八国田庄代〻雲水纯青龍大
左右還有天穴立具中若遇明师为君
下兒孙代〻至三公穴是癸丁兼子午
牙刀穴劍曜其中留鉗立此君若下萬
古人君丁化此龍
八尺河邊一穴地就此分飛兩邊去堆中
落雁立平田積富有闲錢亥山来龍就
巽向請君記此诀
录禽橋邊诵沙纏宿此奔前程申庚行就

便（使）作勢秀水久明到端正星辰坐鎮在有
五個面前尖峯為頓筆先富後生貴先
後五代富貴郎健訟有名楊後生五代
為衣賤名利兩無失有人肯葬蚰蜒穴
時師方上說
牛石嶺頭山水泊形似羊勢落百里江山
攤出形阬阬立原中大地沉潛人莫識
積禍人遇雞左右就虎來面顧回龍護
祖宗未丁紅旂如攤節山水盡相接時

师必得金千百下後兒孫朝帝闕
楓林潘邊一穴地此地三峯石排熖〻
非威權佈耳好安扦时师若能扦此穴
骨發三代朝金闕
行來青到周家店白象捲湖分明現一個
象口地时人皆不遇四面峯巒似鞠躬
十代富豪翁青峯尖秀入雲霄桿门外
口尽来朝亥山巳向為第一半紀開典
頂

宋興橋上斗东西離上火星現穴似蝦形
来泊橋西水尽東朝灣灣曲曲到遶穴
内寳積堆無數時師着過太平詩正是
好誠窩
哪吒擁護黄泥坡坡有神機五百羅漢安
居内似僧来拜會暮鼓晨鐘響嘹嘹棒
子有衣名老傳錫杖今安此高公今日
指
望見石堂一穴地磊磊真龍聚老僧間步

覓其蹤似帝生林中宜申山來好安扦
葬耳出高官明堂已水繞青龍富貴祿
無窮時師下得帝以穴為官永不絕
西塘一穴金鉗地

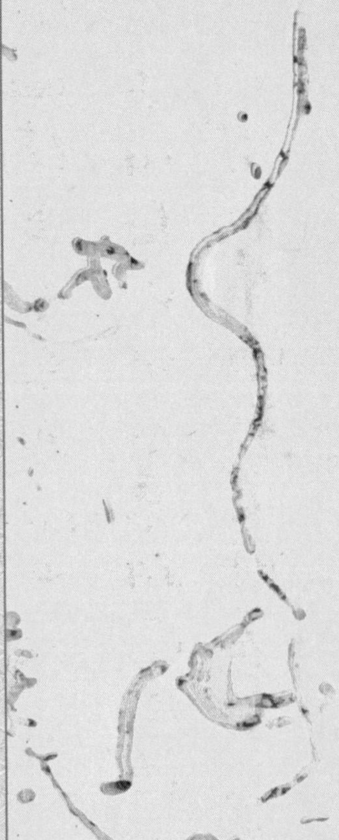

心一堂術數古籍珍本叢刊　第一輯書目

堪輿類

謝氏地理書
地理學新義
平洋地理入門、巒頭圖解合刊
平洋地理闡秘（全彩）
華氏天心正運
地學形勢摘要
司馬頭陀地鉗
鑒水極玄經　秘授水法　合刊
地理輯要
地理辨正揭隱　附連成派秘鈔訣要
地學鐵骨秘　附　吳師青藏命理大易數
趙連成秘傳楊公地理真訣
趙連城傳地理秘訣附雪庵和尚字字金
山洋指迷
三元挨星四十八局圖說
張氏地理錦囊
青囊一粟
堪輿秘訣彙釋
風水正原
風水一書
金光斗臨經

命理類

命理大四字金前定數（全彩色）
韋氏命學講義
命理斷語義理源深
千里命稿
文武星案上下卷
精選命理約言
斗數宣微
斗數觀測錄
地星會源斗數綱要合刊（全彩色）
皇極數（1－4）
星命風水秘傳百日通
鐵板神數（清刻足本）——附秘鈔密碼表
邵夫子先天神數（1－2）
斗數演例（全彩色）
滴天髓闡微——附李雨田命理初學捷徑
算命一讀通——鴻福齊天
命學探驪集

命理用神精華（原本）
澹園命談
命理尋源
新命理探原
滴天髓微義

占筮類

擲地金聲搜精秘訣
卜易拆字秘傳百日通
易占陽宅六十四卦秘斷

相法類

相法易知
相法秘傳百日通
新相人學講義
手相學淺說
神相全編正義
相門精義

三式類

壬課總訣（全彩色）
六壬教科六壬鑰
壬學述古
奇門揭要（全彩色）
奇門大宗直旨（全彩色）
奇門三奇干支神應（全彩色）
奇門廬中闡秘（全彩色）
六壬秘笈——韋千里占卜講義
奇門行軍要略
大六壬類闡（全彩色）
大六壬尋源二種
秘鈔大六壬神課金口訣
秘傳六壬課法附金口訣
大六壬指南
甲遁真授秘集
大六壬尋源二種（上）（下）
奇門心法秘纂（全彩色）
奇門仙機（全彩色）

其他類

述卜筮星相學

中國歷代卜人傳